**Bibliografische Information der Deutschen Nationalbibliothek:**

Die Deutsche Bibliothek verzeichnet diese Publikation in der Deutschen National-
bibliografie; detaillierte bibliografische Daten sind im Internet über http://dnb.d-
nb.de/ abrufbar.

**Impressum:**

Copyright © 2016 GRIN Verlag
Druck und Bindung: Books on Demand GmbH, Norderstedt Germany
ISBN: 9783346071200

**Dieses Buch bei GRIN:**

https://www.grin.com/document/457536

Anonym

# War Schiller ein Idol für Hölderlin? Gemeinsamkeiten von "Hymne an den Genius Griechenlands" und "Die Götter Griechenlands"

GRIN Verlag

**GRIN - Your knowledge has value**

Der GRIN Verlag publiziert seit 1998 wissenschaftliche Arbeiten von Studenten, Hochschullehrern und anderen Akademikern als eBook und gedrucktes Buch. Die Verlagswebsite www.grin.com ist die ideale Plattform zur Veröffentlichung von Hausarbeiten, Abschlussarbeiten, wissenschaftlichen Aufsätzen, Dissertationen und Fachbüchern.

**Besuchen Sie uns im Internet:**

http://www.grin.com/

http://www.facebook.com/grincom

http://www.twitter.com/grin_com

These:

Friedrich Hölderlin nimmt sich in seiner
„Hymne an den Genius Griechenlands" ein Vorbild an
Schillers Werk „Die Götter Griechenlands",
sodass sich beide Werke ähneln.
Zudem ist Schiller eine Art Idol für Friedrich Hölderlin.

Wintersemester 2016/2017

NDL l: Mythologische und biblische Figuren in der Literatur

Semesterzahl: 1. Semester

Fächerkombination : Geschichte und Deutsch

Abgabedatum (Erstversuch): 03.03.2017

# Inhaltsverzeichnis

# 1. Einleitung

> *„„Ich liebe dieses Griechenland überall.      Es trägt*
>
> *die Farbe meines Herzens. "*
>
> *—Friedrich Hölderlin*

Schon viele Autoren beschäftigten sich mit dem Thema des antiken Griechenlands und bauten es in ihre Werke mit ein. In dieser Hausarbeit wird speziell auf zwei Autoren und deren Werke eingegangen. Zum einen Friedrich Hölderlin mit seiner Hymne an den Genius Griechenlands, zum anderen Friedrich Schiller mit seinem Gedicht die Götter Griechenlands.

Zunächst wird das Werk Schillers genauer untersucht. Es wird auf den Aufbau und den genauen Inhalt eingegangen. Zudem wird das Antikenbild Schillers mit aufgegriffen. Da Schillers 1. Fassung der Götter Griechenlands viel Kritik bekam, wird auch die 2. Fassung dieses Werks mit analysiert und Unterschiede der beiden gezeigt.

Danach wird auf Hölderlins Werk die "Hymne an den Genius Griechenlands" eingegangen. Ebenso wie bei dem Gedicht zuvor, wird auch hier zunächst der Aufbau und danach der Inhalt analysiert. Danach wird kurz dessen Antikenbild aufgezeigt.

Letztendlich wird in dieser Untersuchung bewiesen, dass Hölderlin sich ein Beispiel an Schillers Werk genommen hat. Schiller wird oftmals als Vorbild Hölderlins genannt, darum werde ich ebenso kurz auf die Begegnung der beiden und auf die Entwicklung ihrer Beziehung zueinander eingehen.

## 2. Friedrich Schillers Gedicht "Die Götter Griechenlands"

Das Gedicht "Die Götter Griechenlands" wurde im März 1788 von Friedrich Schiller verfasst, wodurch er die Arbeit an der „*Geschichte des Abfalls der vereinigten Niederlande*" unterbrach. Dies war sein erster Band seiner Abhandlung über den Spanisch-Niederländischen Krieg, welche 1788 veröffentlicht wurde. Erstmals wurde "Die Götter Griechenlands" in Wielands Zeitschrift „*Der Teutsche Merkur*" erschienen. Diese Zeitschrift wurde von 1773 bis 1789 als Literaturzeitschrift und Rezensionsorgan in Weimar herausgegeben.

Das Gedicht wurde in der Zeit der Weimarer Klassik geschrieben. Während andere Dichter wie beispielsweise Goethe sich mit der Natur als Modell für den universalen Zusammenhang aller Erscheinungen befasste, war für Schiller hingegen die Auseinandersetzung mit der Geschichte bedeutsam. Man zentralisierte sich in der Weimarer Klassik auf Weimar und teils auch auf Jena. Die Autoren setzten sich mit der Französischen Revolution und der Erziehung der Menschen durch Kunst und Literatur zu Humanität auseinander. Man strebte nach Harmonie in der Gesellschaft.

In der deutschen Geistesgeschichte gilt es als wichtiges Beispiel der Antikenbegeisterung. Allerdings wurde es damals schon nach kurzer Zeit als Angriff auf das Christentum kritisiert.[1] *„Ein Geist aber, welcher die Tugend verächtlich zu machen sucht, ist kein guter Geist. Ich sehe wohl das poetische Verdienst dieses Gedichtes ein, aber der wahren Poesie letzter Zweck ist nicht sie selbst."* hieß es von Stolberg im August 1788 in der Zeitschrift *"Deutsches Museum"*. Diese Zeitschrift wurde von Heinrich Christian Boies im Zeitraum von 1776-1788 mit jeweils zwei Bänden pro Jahr veröffentlicht. Ebenso wurde das Gedicht als "Lästerung" oder auch "Missbrauch der Poesie" beschimpft.[2]

## 2.1 Aufbau des Gedichts

Das Gedicht besteht aus 25 Strophen mit je acht fünfhebigen Versen. Als Reimschema werden durchgängig vier Kreuzreime pro Strophe verwendet. So reimt sich beispielsweise in der ersten Strophe Zeile eins „regieret" mit Zeile drei „führet", Zeile zwei Gängelband mit dem „Fabelland" in Zeile 4 ebenso „glänzte" (Vgl. Z. 5) mit „bekränzte" (Vgl. Z. 7) und „da" mit „Anathusia" (Zeile 6, 8). Die Form der Reime ist also eindeutig a – b – a – b / c – d – c – d.

Das Gedicht besitzt eine antithetische Struktur. Es schildert das christliche Zeitalter als eine Zeit des Verlusts, der Freudlosigkeit, der Entfremdung und Entzweiung. Im Gegensatz dazu steht die Auffassung der Natur als glückliches Zeitalter.[3]

Es wird die "entgötterte Natur" (Vgl. Z. 168) gegen die imaginäre "schöne Welt" (Vgl. Z. 1, 145) in der "Sterbliche mit Göttern und Heroen" (Vgl. Z. 37) in einer Gemeinschaft zusammen leben und in der Schönheit und Wahrheit eine Einheit bilden. Die Antithetik erkennt man auch im tektonischen Aufbau des Gedichts. Zum einen wird entweder die schöne Antike besungen (Vgl. Strophe 4-10, 12, 16, 18), zum anderen die schreckliche Gegenwart beklagt (Vgl. Strophe 17, 19-25).

---

1  Vgl. Literaturverzeichnis, Sekundärliteratur, Quelle 2
2  Vgl. Literaturverzeichnis, Internetquellen, Quelle 2
3  Vgl. Literaturverzeichnis, Primärliteratur, Quelle 3

Als Ursache dafür wir die Ablösung Schillers von der Vielfalt der antiken Götterwelt, durch einen einzigen christlichen Gott genannt, welcher für ihn sehr weit entfernt und unnahbar ist. Dies lässt sich auch in Zeile 191 bis 192 in welchen es heißt: „Da die Götter menschlicher noch waren, waren Menschen göttlicher." erkennen.[4]

## 2.2 Inhaltsangabe

Es geht in dem Gedicht um die Trauer, ausgelöst durch den Verlust der Lebensfülle und das Wehklagen über den gegenwärtigen Zustand, die Leere und die Verlassenheit. Hierbei entwickelt er auch die These, dass die griechische Antike durch ein ursprüngliches poetisches Weltverhältnis geprägt war.

Diese soll aber im Fortlaufen der Rationalisierung verloren gegangen sein. Es entsteht ein idealisiertes Bild der Antike, wodurch auf das Programm der Autonomieästhetik hingewiesen wird. Das Programm der Autonomieästhetik erteilt der Kunst die Aufgabe zu, die damalige Einheit von Sinnlichkeit und Verstand wieder herzustellen. Die Kunst könne dies allerdings nur erreichen, wenn sie sich auf sich selbst besinnt.

Im Gedicht geht es einmal um den Abschluss des antiken Polytheismus durch den einen monogamen Gott des Christentums. Zum anderen geht es um das Ende des einzig wahren Götterglaubens durch das Voranschreiten der modernen Naturwissenschaft. Laut dieser Wissenschaft sollen sich nur tote Körper ihrer Schwerkraft gemäß am Himmel drehen.

## 2.3 Schillers Antikebild

Schillers Denkmuster über sein Bild der Antike sind Winckelmanns Schriften, Lessings Abhandlung "Wie die Alten den Tod gebildet", Goethes Drama "Iphigenie auf Tauris" und Wielands Schriften maßgebend.

Das sich Schiller am klassizistischen Antikebild orientiert, zeigt sich vor allem an der neuen Art des Gedichts. Es scheint, als ob das Pathos der Begeisterung und der Klage gebändigt wird.[5]

Durch sein Gedicht "Die Götter Griechenlands" wurde das Ansehen der antiken Mythologie geschmackvoller. Doch immer froh gesonnen waren die Götter keineswegs und das erkannte auch Schiller. So nimmt er in Strophe vier Bezug auf Tantals Tochter (Niobe), welcher Apollo und

---

4    Vgl. Literaturverzeichnis, Primärliteratur, Quelle 4
5    Vgl. Literaturverzeichnis, Sekundärliteratur, Quelle 5

Artemis alle Kinder töteten und sie deshalb vor Schmerz zu Stein wurde. Dies lässt sich auch an den darauffolgenden Zeilen erkennen: "Syrinx Klage tönt aus jenem Schilfe, Philomeles Schmerz aus diesem Hain."[6]

## 2.4 Die zweite Fassung der Götter Griechenlands

Da Schiller nach der Veröffentlichung seiner ersten Fassung als u.a. Gotteslästerer beschimpft wurde, erschien (vermutlich) 1793 die zweite Fassung des Gedichts. Und dies, obwohl Schiller der Meinung war, dass dieses Werk das wohl Beste das er neuerdings hervorgebracht hatte war. Hier drosselt er die Kritik am Christentum etwas. Er streicht viele anstößige Stellen. Aus den erstmals 25 Strophen werden nur noch 16. Zudem wird die antithetische Struktur mehr hervorgehoben. Die griechische Religion der Antike wird nun vollständig durch Schönheit bestimmt.

In der zweiten Fassung wird deutlich, dass es unmöglich ist die "schöne Welt" wiederherzustellen. Denn auch wenn das Schöne in der Literatur eine Zuflucht findet, handelt es sich hierbei nicht um die einstmals schöne Welt. Nur in der bereits verlorenen Antike war der Dichter kein dissoziiertes Individuum. Die Götter Griechenlands reflektieren also die modernen Bedingungen des eigenen lyrischen Sprechens. Ebenso verdeutlicht er durch die schöne Sentenz der neuen Strophe am Ende des Gedichts eine poetische Absicht: "Was unsterblich im Gesang soll leben, Muß im Leben untergehn."

Die ersten fünf Strophen unterscheiden sich in beiden Fassungen kaum voneinander. In der ersten Strophe des Gedichts erkennt man eine Wiederkehr des Wortes "noch" in jeder zweiten Zeile, wodurch der Entzug der schönen und guten alten Zeit betont wird. So heißt es beispielsweise: "Da ihr noch die schöne Welt regieret/ An der Freude leichtem Gängelband/ Selige Geschlechter noch geführet,/ Schöne Wesen aus dem Fabelland!". So geht der Rhythmus auch in der zweiten Strophe weiter, denn auch hier steht in der zweiten Zeile ein "noch".

Die dritte Strophe beinhaltet den Gedanken der mit dem Gedicht ausgedrückt werden soll. Sie fasst den Gegensatz von damals und heute anhand eines Beispiels: "Wo jetzt nur, wir unsere Weise sagen,/ Seelenlos ein Feuerball sich dreht,/ lenkte damals seinen goldenen Wagen/ Helios in stiller Majestät.".

Danach folgt eine ausführliche Darstellung dieser Äußerung. Es werden in den folgenden Strophen die zahlreichen Götter Griechenlands vorgestellt. Es folgen einprägsame und erstaunliche Namen

---

6   Vgl. Literaturverzeichnis, Sekundärliteratur, Quelle 8

und Taten der Figuren der griechischen Mythologie. Dabei geht Schiller allerdings von den insgesamt zwölf Göttern des Olymp, nur auf drei ein.

Das Gedicht scheint einer vormodernen Auffassung von Poesie verpflichtet. Und nur wenn man dies akzeptiere, kann man ein gerechtes Urteil darüber abgeben. Dadurch, dass die Strophen nur lose aneinander gereiht waren, war es auch relativ einfach das Gedicht zu kürzen. Wie gesagt behielt er die ersten fünf Strophen bei. Die 6, 7, 8 und 9. Gedichtabschnitte wurden, wie die 11, 13, 15 und 17, gestrichen. Strophe 23, 24 und 25 hat Schiller dagegen neu formuliert.

In Strophe 12 (1. Fassung Strophe 19) wird die Aneinanderreihung von Bildern beendet und zusammengefasst: "Schöne Welt wo bist du? Kehre wieder,/ Holdes Blütenalter der Natur!/ Ach nur in dem Feenland der Lieder/ Lebt noch deine fabelhafte Spur/ Ausgestorben trauert das Gefilde,/ Keine Gottheit zeigt sich meinem Blick, Ach! Von jenem lebenswarmen Bilde/ Bleibt nur der Schatten mit zurück." Die alten Götter sind verloren und mit ihnen gingen scheinbar alle anderen Gottheiten.[7]

### 3. Friedrich Hölderlins "Hymne an den Genius Griechenlands"

Die Hymne an den Genius Griechenlands wurde in das Jahr 1790 eingeordnet, wobei es viele Gegenmeinungen gibt die besagen, dass es erst im Herbst 1791 entworfen wurde. Zu dieser Zeit studierte er gerade mit Hegel und Schellin im Tübinger Stift. Georg Wilhelm Friedrich Hegel gilt als einer der wichtigsten Vertreter des deutschen Idealismus. Friedrich Wilhelm Joseph Schelling, ab 1812 Ritter von Schelling, war einer der Hauptvertreter des deutschen Idealismus.[8]

Der Entwurf ist nicht zu Ende geführt und er wurde auf die Rückseite eines ebenfalls unvollendeten Entwurfs des „Abschieds von Lydia" geschrieben. Es wird vermutet, dass Hölderlin, nachdem er in der Rezeption "Musenalmanachs" 1792 von Schubarts als eintönig beschimpft worden war, einen Rückgriff auf die freie Form der Stolbergschen Hymne plante. Christian Schubart war ein Dichter, Organist, Komponist und Journalist. Bedeutung bekam er durch seine bissig formulierten sozialkritischen Schriften.[9]

Die Hymne lässt sich schwer in eine Literaturepoche einordnen. Er ist ein Dichter des Überganges, er gehört also weder voll und ganz zur Weimarer Klassik, noch zur Romantik. Unbestritten ist jedoch, dass Schiller einen gewaltigen Einfluss auf ihn ausübte. Es ist bekannt, dass Hölderlin

---

7   Vgl. Literaturverzeichnis, Sekundärliteratur, Quelle 2
8   Vgl. Literaturverzeichnis, Internetquellen, Quelle 3
9   Vgl. Literaturverzeichnis, Sekundärliteratur, Quelle 3

Schillers Schrift "Über das Erhabene" kannte und dadurch von klassischen Gedanken beeinflusst wurde.[10]

## 3.1 Aufbau des Gedichts

Der Text ist in acht Strophen und 61 Zeilen eingeteilt und als Gedichtart wurde die Hymne gewählt. Die Themenstellung ist ein feierlicher Preis-und Lobgesang an den Genius Griechenlandes, welcher in unserem Beispiel dem Gott Eros beschreibt. Das Gedicht besitzt eine antithetische Struktur.

## 3.2 Inhaltsangabe

*"Jubel! Jubel"* steht an erster Stelle der Hymne. Hier zeigt sich deutlich, dass es sich um eine Hymne handelt, da ein Jubel- oder auch Preisgesang vorliegt. Man bewundert sozusagen den Protagonisten des Textes. Danach folgt *"Dir auf der Wolke"*. Damit spricht man den eben genannten Protagonisten direkt an. Da er sich laut dieser Aussage auf einer Wolke aufhalten muss, handelt es sich um eine göttliche Gestalt, da schon damals in der Antike bekannt war, dass Göttergestalten im Himmel, also auf Wolken leben. *"Erstgeborenen / Der hohen Natur"* heißt es in Zeile drei und vier. Mit dem Erstgeborenen ist zunächst der Genius Griechenlands gemeint. In der Mythologie allerdings wird hier die Geburt des Eros beschrieben, dies überliefert zumindest Hesiod (Vgl. Theogonie).

Mit der hohen Natur nimmt Hölderlin Bezug auf Gaia. Gaia ist eine der ersten Gottheiten und steht für die personifizierte Erde bzw. Natur. Zusätzlich ist sie die Mutter des Eros, ihrem erstgeborenen Kind, wodurch wir hier gleich zwei Nachweise haben, dass Hölderlin in seiner Hymne über diesen schreibt.[11]

Da Hölderlin ebenfalls der christlichen Tradition verpflichtet war, könnte hier auch das Christus- bzw. Messias-Thema aufgegriffen werden. Da sich dies allerdings nur noch an einer weiteren Stelle beweisen lässt, zieht sich das christliche Thema nicht durchgängig durch die Hymne und steht somit nicht im Vordergrund. Danach folgt: *"Aus Kronos Halle / Schwebst du herab"*. Kronos wird in der griechischen Mythologie als der jüngste Sohn Gaias und Uranos beschrieben. Er soll der Anführer der Titanen und der Vater von Zeus sein.

Da Uranos seine Kinder verachtete, verbannte er sie ins Tartaros, einem Teil der Unterwelt und ließ sie dort bewachen. Darum brachte Gaia das Geschlecht der Titanen heimlich und ohne das Wissen

---

10   Vgl. Literaturverzeichnis, Sekundärliteratur, Quelle 3
11   Vgl. Literaturverzeichnis, Primärliteratur, Quelle 2

Uranos zur Welt. Als Kronos dann endlich herangewachsen war, sollte er auf Befehl seiner Mutter den Vater mit einer Sichel entmannen und dadurch entmachten, als Rache für die Verbannung der gemeinsamen Kinder. Kronos folgte diesem Befehl und wurde schließlich der Herrscher über die Welt. Die Halle des Kronos im Olymp wird später von Zeus beherrscht. Dies wiederum ist bekannter, doch nicht viele sind sich darüber bewusst, dass vor Zeus noch jemand anderes dort herrschte.

*"Ha! Bei der Unsterblichen / Die dich gebar"* wird wieder der Bezug auf Gaia verwirklicht. Hier findet man ebenfalls einen Beweis dafür, dass Hölderlin in seiner Hymne dem Gott Eros huldigt.[12]

Der Genius der Kühnheit erweist sich als der Genius der griechischen Götter. Das Gedicht wirft einen elegischen Blick auf die griechische Antike. Wenn man die Anfänge mit dem Ende der Hymnen Hölderlins vergleicht, erkennt man, dass sich ein Prozess zunehmender Desillusionierung in der Einschätzung der eigenen Zeit und deren Möglichkeiten feststellt. In seiner "Hymne an den Genius Griechenlands" wird dagegen ein harmonisches Leben der griechischen Antike zugeordnet. Die Hymnen beklagen eine perspektivlose Zeit und ein Entzug des harmonischen Lebens.[13]

Da Hölderlin der christlichen Tradition verpflichtet war und schon seine Eltern ihn in die christliche Religion einbrachten, besitzt die Hymne eine leichte christliche Deutung. Dies erkennt man durch die Ausgangspunkte in Zeile 3 *"Erstgeborener [...]"* und in Zeile 30 *"Auf Liebe dein Reich zu gründen"*.[14]

### 3.3 Hölderlins Antikebild

Das Bild Hölderlins zur Antike wird von der Forschung immer wieder unterschiedlich dargestellt. Zwei relativ bekannte Beispiele wären hier zum einen die Aussage Alexander Honolds, ein deutscher Literaturwissenschaftler und Germanistikprofessor an der Universität Basel, welcher angeblich Ansätze entdeckte, welche zum faschistischen Kult des männlichen Körpers führen. Sein Kollege Winfried Menninghaus, welcher ein deutscher Komparatist ist, dagegen ist der Ansicht, dass es eine nicht heroische, weibliche Seite in fünfsilbigen Wortgruppen gibt, die Hölderlin immer wieder bei seinen Texten anwendet. Man kann also sagen, dass sein Antikenbild äußerst vieldeutig ist und sich nicht klar einordnen lässt.

Erst in der Tübinger Zeit beschäftigt er sich intensiver mit der griechischen Antike. Griechenland wird folglich das zentrale Thema seiner Werke. Allerdings ist hierbei nicht das reale Griechenland,

---

12  Vgl. Literaturverzeichnis, Internetquellen, Quelle 1
13  Vgl. Literaturverzeichnis, Sekundärliteratur, Quelle 3
14  Vgl. Literaturverzeichnis, Sekundärliteratur, Quelle 1

welches Hölderlin nie besucht hatte, gemeint. Griechenland steht für die Sehnsucht nach einem harmonischen, freien und schönen Leben.[15]

## 4. Beziehung der beiden Autoren zueinander

Die erste Begegnung der beiden Autoren fand in Ludwigsburg statt.

Wenn es zur damaligen Zeit einen Autor gab, der zu jeder Zeit aufs Ganze ging, dann war dies mit Sicherheit Hölderlin. Als Mensch war Hölderlin kein Draufgänger, eher schüchtern und zurückhaltend. Doch in der Literatur lebte er sich aus (Vgl. Willems, 2013).

Hölderlin hatte seinerzeit großen Respekt vor dem "großen" Schiller, ehrfürchtig sehnte er ein Treffen mit ihm herbei. Für Hölderlin war Schiller wie ein Fixstern um den er sich immer und immer wieder kreiste.

Mit der Zeit entwickelte sich bei Hölderlin eine Abhängigkeit von Schiller. In einem Brief vom 20.11.1796 heißt es beispielsweise:

*"Haben Sie Ihre Meinung von mir geändert? Haben Sie mich aufgegeben?*

*Verzeihen Sie mir diese Fragen. Eine Anhänglichkeit an Sie, gegen welche ich oft vergebens angieng, wenn sie Leidenschaft war, eine Anhänglichkeit, die noch immer mich nicht verlassen hat, nöthigt solche Fragen mir ab.*

*Ich würde mich darüber tadeln, wenn Sie nicht der einzige Mann wären, an den ich meine Freiheit so verloren habe."*

Das um 1900 entstandene Gerücht, dass Hölderlin von Schiller bewusst niedergehalten wurde, zum Zwecke der Etablierung einer nationalen deutschen Klassik, ist meiner Meinung nach unschlüssig und falsch. Schiller hat Hölderlin durchaus gefördert, soweit er ihn verstanden habe. Er habe ihn immer wieder unterstützt und ihm sogar seine Zeitschriften geöffnet. Schiller schloss Hölderlin als literarischen Gegner aus, was die Briefe an Goethe noch einmal unterstreichen. In diesen heißt es auch, dass er Hölderlin so spät als möglich aufgeben wolle. Schiller unternahm sogar den Versuch, Hölderlin bei dem Verleger Cotta in Tübingen einzuführen. Zudem nimmt er in seiner „Thalia", den „Musen-almanachen" und den „Horen" Gedichte Hölderlins und dessen Hyperion-Fragment auf. Das Einzige was die beiden etwas auseinander brach war, dass Schiller die Kritik an Hölderlins Werken ihm klar und deutlich mitteilte. Dies verletzte den damals sehr schüchternen Autor.[16]

---

15  Vgl. Literaturverzeichnis, Sekundärliteratur, Quelle 6 und 7
16  Vgl. Literaturverzeichnis, Sekundärliteratur, Quelle 8

## 5. Gegenüberstellung der beiden Werke

Im Laufe der Gedichtsanalysen sind einige Gemeinsamkeiten aufgekommen, welche nun aufgezeigt werden. Die geschichtsferne Alltagswelt der "kleinen Leute" hatte, bei Hölderlin und Schiller, auch nur eine kleine Nebenrolle. Sie befassten sich mit dem "Großen und Ganzen", dazu brauchten sie die Antike Griechenlands . Beide orientierten sich an der Kunst und Kultur der Antike. Sie erschlossen beide (ebenso Goethe) die Qualitäten des Klassischen (vgl. Willems, 2013).

Beide Autoren schreiben ihre Werke sehr antithetisch und beide preisen die alten griechischen Götter. Dies erkennt man beispielsweise an der vierten Strophe in Schillers "die Götter Griechenlands"

> *Jener Lorbeer wand sich einst um Hilfe,*
> ***Tantals** Tochter schweigt in diesem Stein,*
> ***Syrinx'** Klage tönt' aus jenem Schilfe,*
> ***Philomelens** Schmerz in diesem Hain.*
> *Jener Bach empfing **Demeters** Zähre,*
> *Die sie um **Persephone** geweint,*
> *Und von diesem Hügel rief **Cythere**,*
> *Ach, vergebens! ihrem schönen Freund.*

Hier bezieht sich Schiller gleich auf mehrere Figuren der griechischen Mythologie. Allen Anfangs wird Tantalus genannt, welcher als der Stammvater der Tantaliden bekannt ist. Danach auf die Nymphe Syrinx und auf Philomela, welche nach einer Vergewaltigung die Zunge heraus geschnitten bekam damit sie ihren Peiniger nicht verraten konnte. Dann folgt Demeter die Muttergöttin, welche zuständig ist für die Fruchtbarkeit der Erde. Letztendlich geht er auf Persephone die Unterwelt- , Toten- und Fruchtbarkeitsgöttin und auf Cythere, womit Venus (bzw. griechisch Aphrodite) gemeint ist, ein.

Ebenso geht Hölderlin auf die griechische Mythologie und Götter ein. So heißt es beispielsweise in Strophe sechs:

> *Du kommst und **Orpheus** Liebe*
> *Schwebet empor zum Auge der Welt*
> *Und **Orpheus** Liebe*
> *Wallet nieder zum **Acheron**.*
> *Du schwingest den Zauberstab,*

*Und **Aphroditäs** Gürtel ersieht*

*Der trunkene **Mäonide**.*

*Ha! **Mäonide**! wie du!*

Hier preist er gleich zwei mal in den ersten drei Zeilen den Gott Orpheus. Dieser beschreibt einen Sänger und Dichter in der griechischen Mythologie. Der Acheron ist ursprünglich ein 58 Kilometer langer Fluss in Griechenland, der als Topos dient. Aphroditä benennt er, genau wie Schiller in seinem Werk. Mit Mäonide bezieht sich Hölderlin auf Homer. Mäonide war der Beiname Homers, da er aus Mäonien stammte und weil sein Vater Mäon hieß.[17]

## 6. Fazit

Durchaus lassen sich allgemein betrachtet auch Unterschiede Schillers und Hölderlins erkennen. Gottes Wort ist bei Hölderlin ein konstituierendes Vermögen des Menschen, bei Schiller dagegen ein inferiores Vermögen des Menschen. Schiller hatte als Zielsetzung die ästhetische Erziehung des Menschen, Hölderlin dagegen die künftige Revolution der Gesinnung und Vorstellungsarten. Der Mythos-begriff war bei Schiller ästhetisch und pädagogisch verfasst, für die Bildung der Bürger. Hölderlin dagegen griff auf die Palingenesie des Mythos zurück. Als Palingenesie wird dabei der Übergang der Seele aus dem Körper in einen anderen bezeichnet.

Schillers Weg führte von der Mythologie im Laufe seines Lebens zur Philosophie. Er entwickelte Verbindung von Kunst und Philosophie, eine sogenannte Kunstphilosophie. Dagegen entwickelte Hölderlin eine Verbindung von Kunst und Religion, eine Kunstreligion. Allerdings dominiert in beiden die Autonomieästhetik. In beiden Werken ist die bedeutendste Person der Poet.

Bei Schiller wird das Ideal in das Leben gebracht, bei Hölderlin vermittelt dieser dagegen zwischen Himmlischen und Irdischen.

Letztendlich kommt man zu der Schlussfolgerung, dass Hölderlin sich durchaus ein Beispiel an seinem Idol Schiller genommen hat. Er hat sich ein Treffen mit ihm immer und immer wieder ersehnt. Zusätzlich gibt der Briefverkehr der beiden einen guten Einblick in die Beziehung zueinander. Schiller war für Hölderlin ein Vorbild und das nicht nur auf die Literatur bezogen. Beide Autoren nutzen die griechische Mythologie und dessen Figuren in ihren Werken.[18]

---

17   Vgl. Literaturverzeichnis, Sekundärliteratur, Quelle 9
18   Vgl. Literaturverzeichnis, Sekundärliteratur, Quelle 5

# 7. Literaturverzeichnis

## 7.1 Buchquellen

### 7.1.1 Primärliteratur

1. Greifenhagen, Adolf (1957): Griechische Eroten.

2. Schepers, Anke (2011): Was ist Liebe? - Über die Darstellung der Liebe in ausgewählten Texten populärer Musik.

3. Tauch, Harald (2011): Literatur um 1800.

4. Willems, Gottfried (2013): Geschichte der deutschen Literatur, Band 3 Goethezeit.

### 7.1.2 Sekundärliteratur

1. Charlier, Robert (1999): Heros und Messias: Hölderlins messianische Mythogenese und das jüdische Denken.

2. Chiarini, Paolo und Hinderer, Walter (2008): Schiller und die Antike.

3. Constantine, David (1992): Friedrich Hölderlin.

4. Kreuzer, Johann (2002): Hölderlin Handbuch.

5. Luserke-Jaqui, Matthias (2005): Schiller Handbuch.

6. Mieth, Günter (1978): Friedrich Hölderlin.

7. Mieth, Günter (2001): Friedrich Hölderlin: Dichter der bürgerlich-demokratischen Revolution.

8. Mieth, Günter: Friedrich Hölderlin und Friedrich Schiller – Die Tragik einer literaturgeschichtlichen Konstellation.

9. Riedel, Ingrid (1973): Hölderlin ohne Mythos.

## 7.2 Internetquellen

1. Angel (31.10.2007): Eros – griechischer Gott der Liebe und Liebeslust; http://www.die-goetter.de/gott-der-liebe-eros-kurz

2. Boie, H.C. und Dohm, C.K.W.: Deutsches Museum Zeitschrift, URL: http://www.ub.uni-bielefeld.de/diglib/aufkl/deutschesmuseum/deutschesmuseum.htm

3. Unbekannter Herausgeber: Friedrich Hölderlin (Letzte Änderung: 15. November 2016), Verwendungstag/uhrzeit: 08.12.2016, 23:00 Uhr, URL: https://de.wikipedia.org/wiki/Friedrich_H%C3%B6lderlin